Inhalt Teil A

Inhalt Teil B

Vorkurs
Das kann ich schon

○ **1** Kreise 5 Unterschiede ein.

◒ **2** Was kannst du schon schreiben?

○ **3** Male weiter.

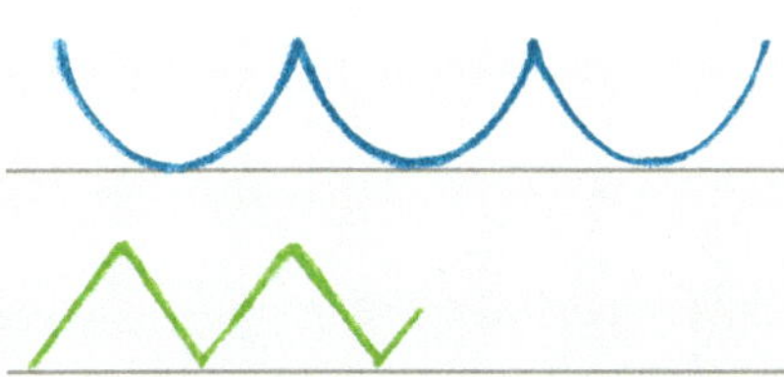

1 Unterschiede einkreisen
2 bekannte Buchstaben und Wörter (den eigenen Namen) schreiben
3 Muster fortsetzen

Vorkurs
Das kann ich schon

1 Was reimt sich? Verbinde.

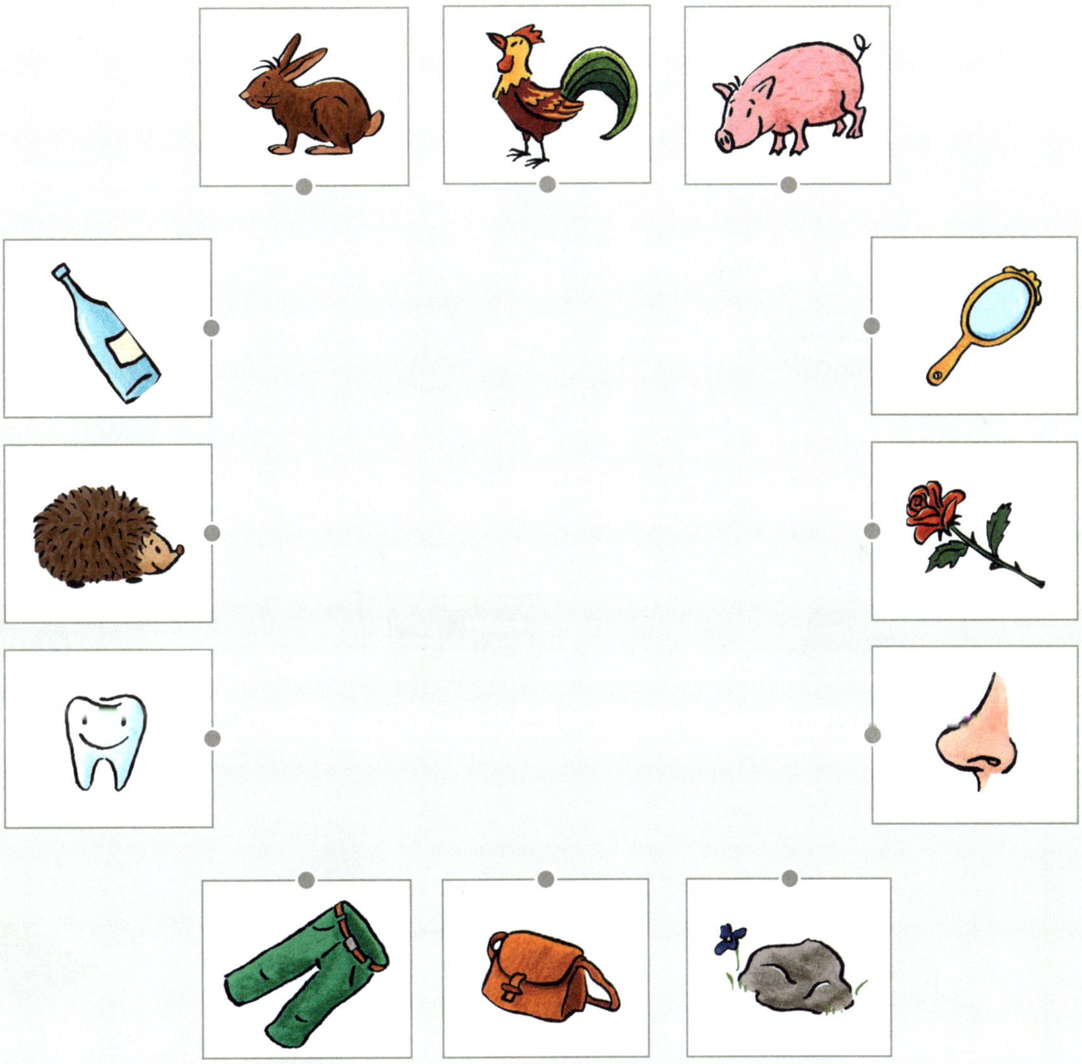

2 Male weiter.

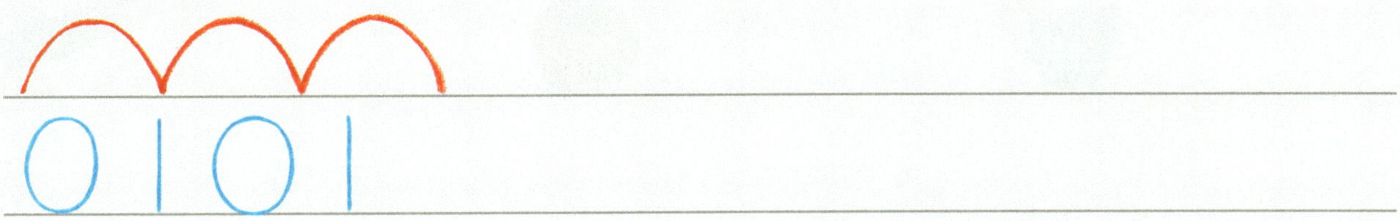

1 Reimwörter verbinden
2 Muster fortsetzen

Vorkurs
Silben schwingen

1 Schwinge.

1 Wörter in Silben schwingen und Silbenbögen zeichnen

Vorkurs
Silben schwingen

1 Schwinge und verbinde.

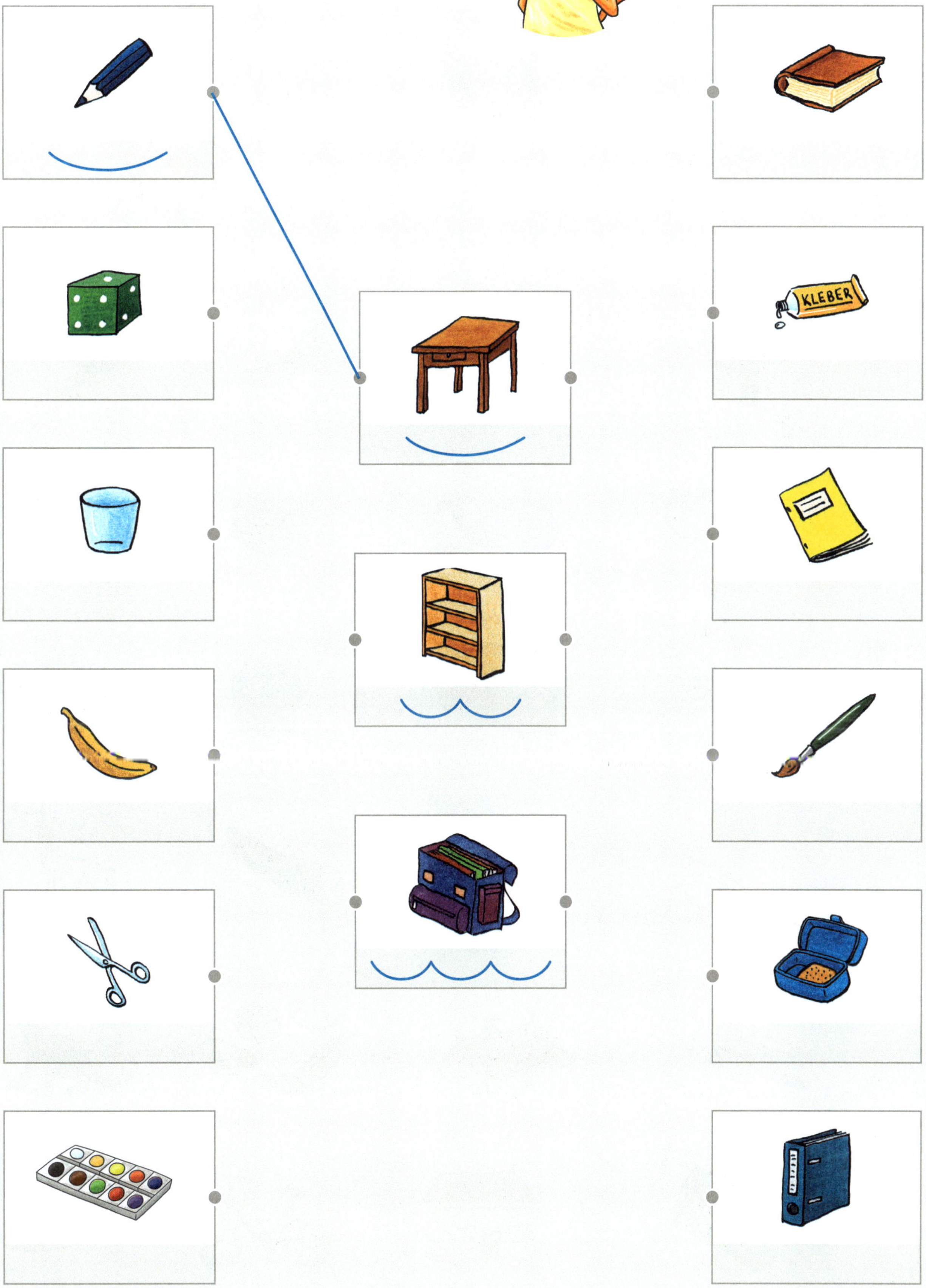

1 Wörter nach Silbenanzahl ordnen

Vorkurs
Gleiche Anlaute erkennen

○ **1** Was klingt am Anfang gleich? Kreise ein.

1 gleiche Anlaute erkennen

Vorkurs
Gleiche Anlaute erkennen

○ **1** Was klingt am Anfang gleich? Kreise ein.

Vorkurs
Anlaute schreiben

○ **1** Schreibe die Anlaute.

H

★ 

★ 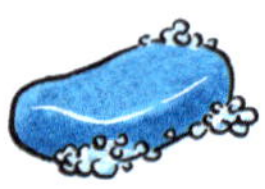

★ 

1 Anlaute mithilfe der Schreibtabelle schreiben

Vorkurs
Anlaute schreiben

○ **1** Schreibe die Anlaute.

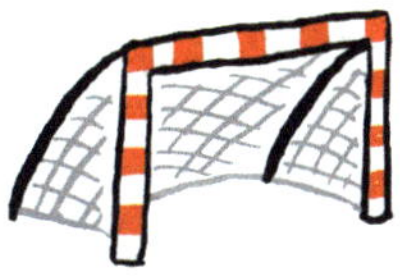

★ 

★ 

★ 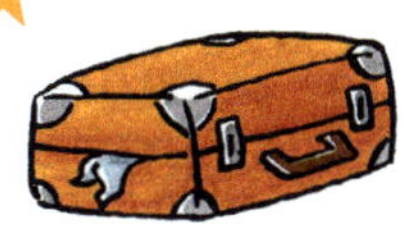

★ 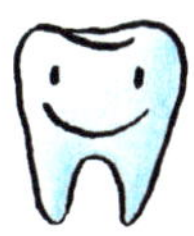

1 Anlaute mithilfe der Schreibtabelle schreiben

Vorkurs
Könige erkennen

○ **1** Welchen König (Vokal) hörst du? Verbinde.

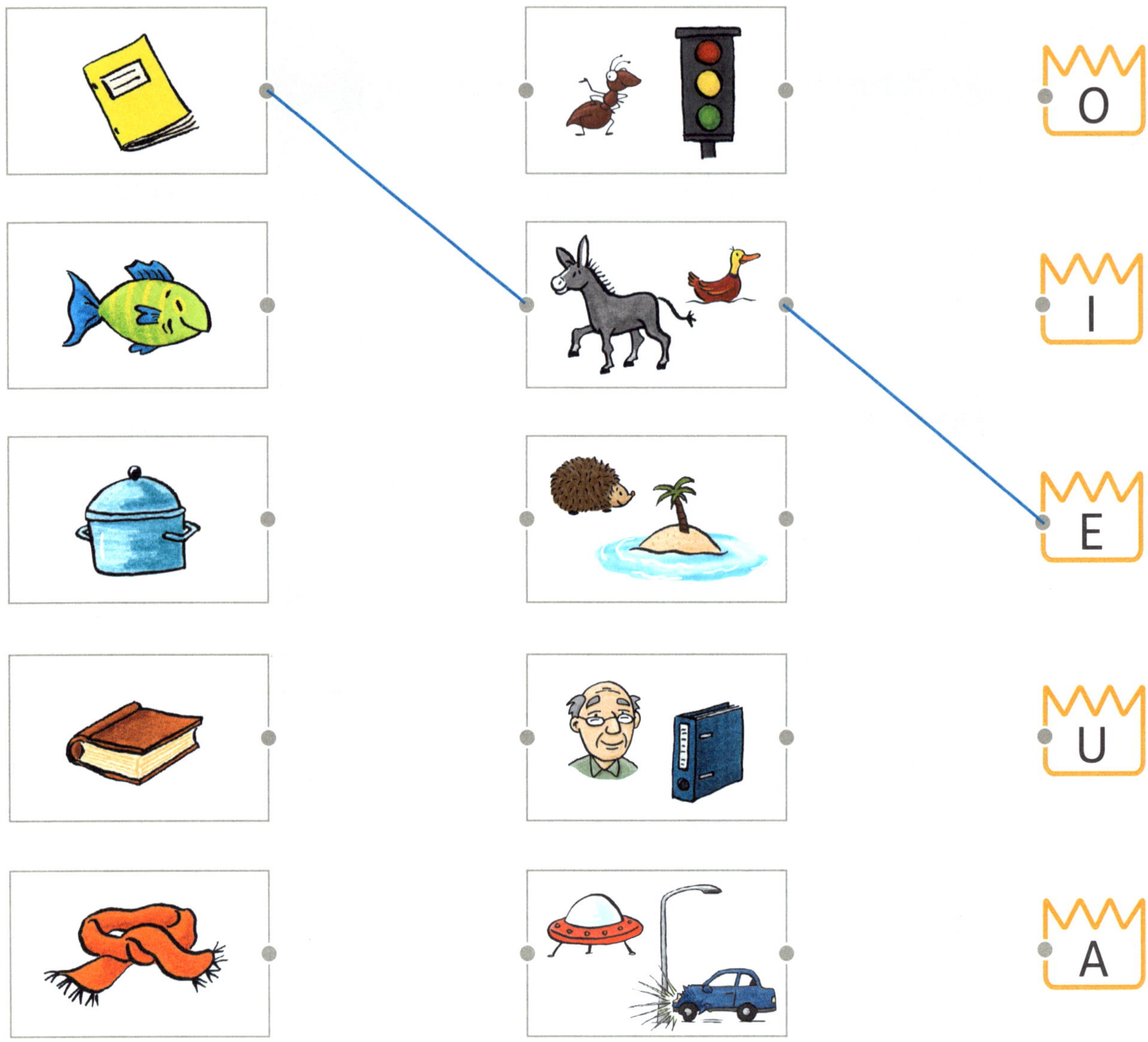

◒ **2** Welchen König (Vokal) hörst du? Schreibe.

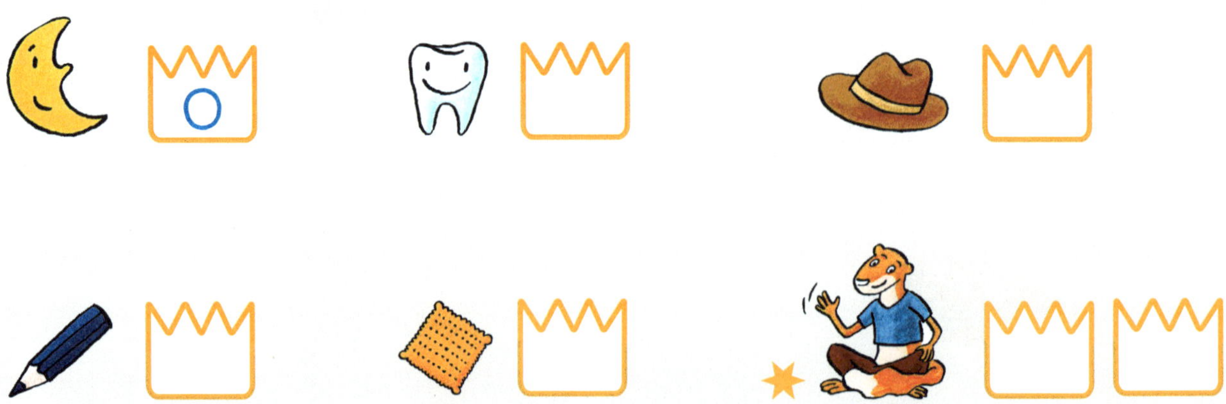

1 Silbenkerne (Vokale) erkennen
2 Silbenkerne (Vokale) erkennen und mithilfe der Schreibtabelle schreiben

Vorkurs
Könige erkennen

○ **1** Welchen König (Vokal) hörst du? Schreibe.

 Ei

5

9

◒ **2** Welche Könige (Vokale) hörst du? Schreibe.

 U E

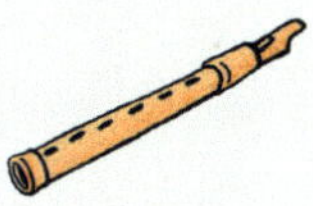

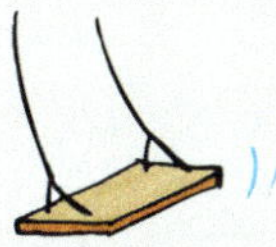

★ 

1 Silbenkerne (Umlaute und Zwielaute) erkennen und mithilfe der Schreibtabelle schreiben (einsilbige Wörter)
2 Silbenkerne erkennen und mithilfe der Schreibtabelle schreiben (mehrsilbige Wörter)

Vorkurs
Mit der Schreibtabelle schreiben

○ **1** Schreibe die Buchstaben.

M m

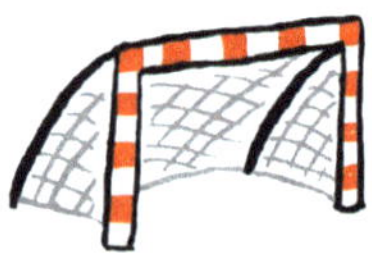

1 Groß- und Kleinbuchstaben mithilfe der Schreibtabelle schreiben

Vorkurs
Mit der Schreibtabelle schreiben

1 Schwinge und schreibe.[1]

Oma

1 Wörter schwingen und mithilfe der Schreibtabelle schreiben

Vorkurs
Wörter schreiben und Könige markieren

○ **1** Jede Silbe hat einen König (Vokal). Markiere die Könige (Vokale).

Sofa

Zebra

Piri

Ufo

◒ **2** Schwinge und schreibe. Markiere die Könige (Vokale).

● **3** Ist in jeder Silbe ein König (Vokal)?
Überprüfe mit einem anderen Kind.

1 Silbenkerne (Vokale) erkennen und markieren
2 Wörter schwingen, mithilfe der Schreibtabelle schreiben und Silbenkerne markieren
3 Silbenkerne in Partnerarbeit überprüfen

1 Male M und m an.

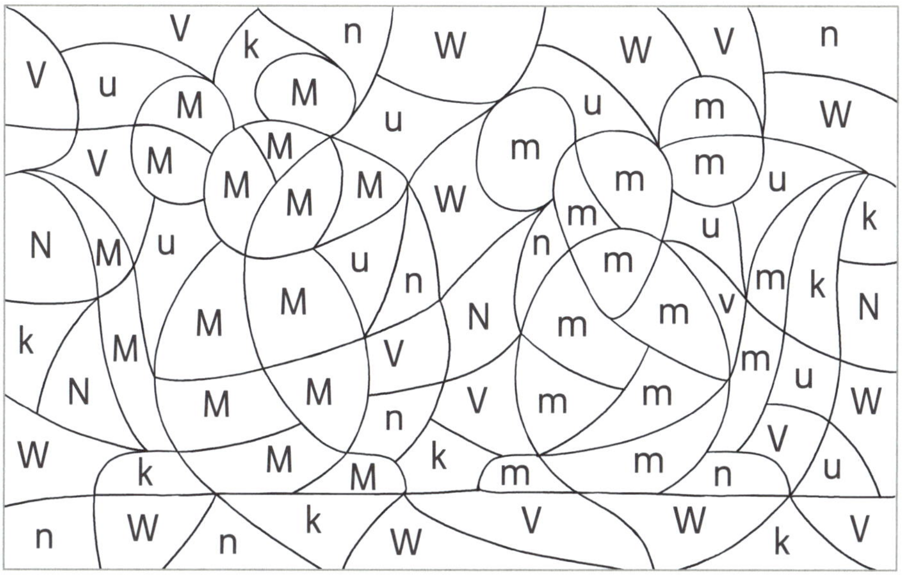

M m

2 Hörst du M, m im Wort? Kreuze an.

 ☒

 ☐

 ☐

 ☐

3 In welcher Silbe klingt M, m? Höre und kreuze an.

 ☒ ☐

 ☐ ☐

 ☐ ☐

 ☐ ☐ ☐

 ☐ ☐

 ☐ ☐ ☐

1 Buchstaben erkennen (optische Diskriminierung)
2 Laute erkennen (akustische Diskriminierung)
3 Laute Silben zuordnen (akustische Diskriminierung)

M m

4 Schreibe.

M M M M M | m m m m m

M ... M

m ... m

M m ... M m

5 Lies und verbinde.

M 

M 

M 

M 

M 

M 

4 Buchstaben nachspuren und schreiben
5 Buchstaben mit passendem Bild verbinden

- S. 2/3
- S. 4/5
- S. 6/7
- S. 8/9
- S. 10/11
- S. 12/13
- S. 14/15
- S. 16/17
- S. 18/19
- S. 20/21

Hose

suchen

leicht

Name

machen

Mein -Wort:

Decke die Wörter ab oder klappe sie nach hinten.

○ 1 Schreibe und markiere die Könige (Vokale).

Hose

1 Lernwörter schreiben und Silbenkerne markieren

2 Verbinde und schreibe.

Na	se	
Ho	me	

3 Welche Buchstaben fehlen? Schreibe die Wörter.

su✱en ____ ma✱en ____

lei✱t ____ ✱ame ____

Mein ϟ-Wort: ____

ϟ S. 22/23

2 Lernwörter aus Silben zusammensetzen und schreiben
3 Lernwörter schreiben

Ameise

reisen

Uhr

malen

rufen

Mein -Wort:

____

○ **1** Schreibe und markiere die Könige (Vokale).

1 Lernwörter schreiben und Silbenkerne markieren

2 Was tun die Kinder? Schreibe.

Alle ______________. 

Alle ______________. 

Alle ______________.

3 Schreibe.

 ______________

 ______________

Mein ϟ-Wort: ______________

ϟ S. 22/23

Mutter
laut
Kiste
dürfen
Blüte

Mein -Wort:

○ **1** Schreibe und markiere die Könige (Vokale).

1 Lernwörter schreiben und Silbenkerne markieren

2 Verbinde und schreibe.

Mut	te	
Kis	ter	

3 Welche Buchstaben fehlen? Schreibe die Wörter.

l✱t

dü✱fen

Bl✱te

Mu✱er

Mein ϟ-Wort:

ϟ S. 22/23

2 Lernwörter aus Silben zusammensetzen und schreiben
3 Lernwörter schreiben

□ Haus

○ Hund

blau

□ Kleid

× Tasche

Mein [Tiger]-Wort:

○ **1** Schreibe und markiere die Könige (Vokale).

1 Lernwörter schreiben und Silbenkerne markieren

2 Schreibe und male.

Das Haus ist blau.

3 Lies und schreibe.

Ole will einen ______. 

Lukas will eine ______. 

Jana will ein ______. 

Mein ϟ-Wort: ______

ϟ S. 22/23

2 Satz mit Lernwort abschreiben und dazu malen
3 Sätze mit passenden Lernwörtern ergänzen

der Löwe
grün
das Gras
gelb
süß

Mein -Wort:

1 Schreibe und markiere die Könige (Vokale).

1 Lernwörter schreiben und Silbenkerne markieren

2 Welche Buchstaben fehlen? Schreibe die Wörter.

L✱we ______ gr✱n ______ sü✱ ______

3 Schreibe und male.

Das Gras ist grün.

______

Der Löwe ist gelb.

______

Mein ⚡-Wort: ______

⚡ S. 22/23

2 Lernwörter schreiben
3 Sätze mit Lernwörtern abschreiben und dazu malen

das Gemüse

neu

freuen

der Garten

gut

Mein -Wort:

○ 1 Schreibe und markiere die Könige (Vokale).

1 Lernwörter schreiben und Silbenkerne markieren

2 Welche Buchstaben fehlen? Schreibe die Wörter.

fr✱en ______ ✱eu ______ g✱t ______

3 Schreibe und male.

Pablo ist im Garten.

______

Alma mag Gemüse.

______

Mein ϟ-Wort: ______

ϟ S. 22/23

2 Lernwörter schreiben
3 Sätze mit Lernwörtern abschreiben und dazu malen

der Stein

der Stern

spielen

sparen

sprechen

Mein -Wort:

○ **1** Schreibe und markiere die Könige (Vokale).

1 Lernwörter schreiben und Silbenkerne markieren

2 Welche Buchstaben fehlen? Schreibe die Wörter.

spre✱en ______ sp✱len ______

✱aren ______ ✱ern ______

3 Schreibe und male.

Im Wasser liegen zwei Steine.

______

Mein ϟ-Wort: ______

ϟ S. 22/23

2 Lernwörter schreiben
3 Satz mit Lernwörtern abschreiben und dazu malen

das Pferd

der Apfel

der Ring

die Ziege

backen

Mein -Wort:

1 Schreibe und markiere die Könige (Vokale).

1 Lernwörter schreiben und Silbenkerne markieren

2 Welche Buchstaben fehlen? Schreibe die Wörter.

Pfer✱ ______ ba✱en ______ Z✱ge ______

3 Schreibe und male.

Am Finger ist ein Ring.

______

Der Apfel ist rot.

______

Mein ⚡-Wort: ______

⚡ S. 22/23

2 Lernwörter schreiben
3 Sätze mit Lernwörtern abschreiben und dazu malen

die Vase
der Vogel
das Quadrat
der Comic
das Mädchen

Mein -Wort:

○ **1** Schreibe und markiere die Könige (Vokale).

1 Lernwörter schreiben und Silbenkerne markieren

2 Welche Buchstaben fehlen? Schreibe die Wörter.

M✱dchen ______ ✱omic ______

Vog✱l ______ ✱adrat ______

3 Schreibe und male.

Die Vase ist violett.

______

Mein ϟ-Wort: ______

ϟ S. 22/23

2 Lernwörter schreiben
3 Satz mit Lernwörtern abschreiben und dazu malen

der Clown

die Katze

zählen

der Text

das Lexikon

Mein -Wort:

○ **1** Schreibe und markiere die Könige (Vokale).

1 Lernwörter schreiben und Silbenkerne markieren

2 Welche Buchstaben fehlen? Schreibe die Wörter.

z*hlen

Le*ikon

Te*t

Ka*e

3 Schreibe und male.

Der Clown lacht.

Mein -Wort:

S. 22/23

2 Lernwörter schreiben
3 Satz mit Lernwörtern abschreiben und dazu malen

Meine Blitzwörter

1 Schreibe deine ϟ-Wörter auf.

über das eigene Lernen reflektieren

2 Welche Stellen in deinen ϟ-Wörtern sind besonders gefährlich? Kreise ein.

So habe ich im Lernwörterheft gearbeitet

Das kann ich schon gut.
Hier brauche ich manchmal noch Hilfe.
Das will ich noch üben.

Male die Stifte passend an.

So schätzt dich deine Lehrerin ein:

Ich habe ordentlich geschrieben.

Ich habe Abstand zwischen den Wörtern gelassen.

Ich habe die Lernwörter richtig abgeschrieben.

Ich habe die Könige (Vokale) erkannt.

6 Schwinge und schreibe.

Mama

7 Markiere die Könige (Vokale).

8 Was ist in deinem Klassenzimmer? Male und schreibe.

6 Wörter schwingen und mit der Schreibtabelle schreiben
7 Silbenkerne markieren
8 malen und mit der Schreibtabelle schreiben

A a

○ **1** Male A und a an.

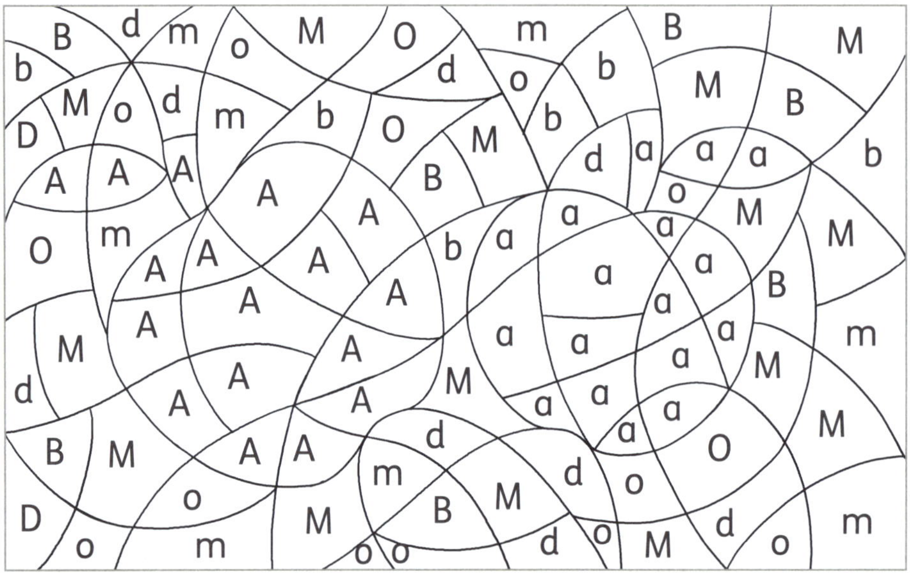

A a

○ **2** Hörst du A, a im Wort? Kreuze an.

◒ **3** In welcher Silbe klingt A, a? Höre und kreuze an.

1 Buchstaben erkennen (optische Diskriminierung)
2 Laute erkennen (akustische Diskriminierung)
3 Laute Silben zuordnen (akustische Diskriminierung)

4 Schreibe.

A A A A A

a a a a a

A A

a a

A a A a

am am

Mama Mama

5 Lies und verbinde.

A •

• 

M •

M •

• 

A •

A •

• 

M •

4 Buchstaben nachspuren und schreiben
5 passende Buchstaben mit Bild verbinden

A a

6 Schwinge und schreibe.

Amsel

7 Markiere die Könige (Vokale).

Ist in jeder Silbe ein König (Vokal)?

8 Schreibe zum Bild.

6 Wörter schwingen und mit der Schreibtabelle schreiben
7 Silbenkerne markieren
8 mit der Schreibtabelle schreiben

L l

1 Male L und l an.

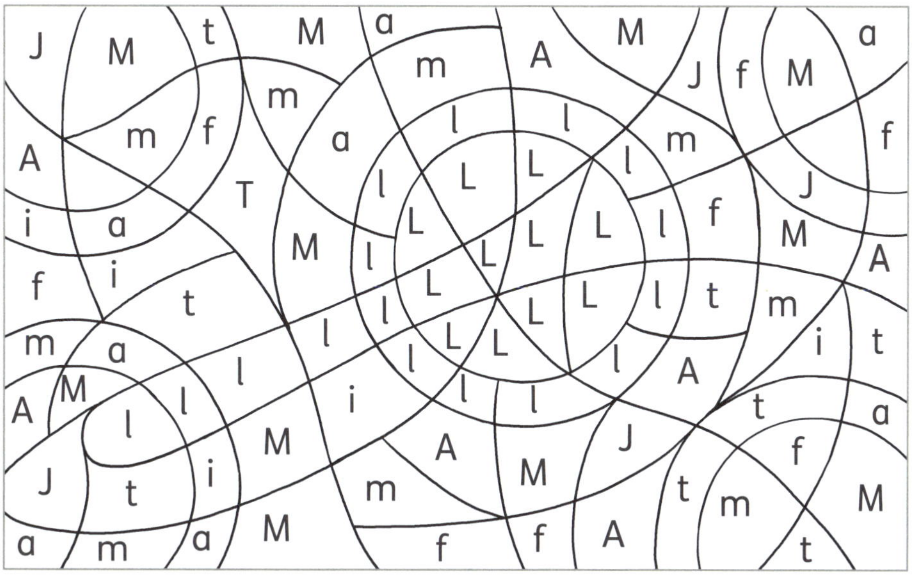

L l

2 Hörst du L, l im Wort? Kreuze an.

3 In welcher Silbe klingt L, l? Höre und kreuze an.

 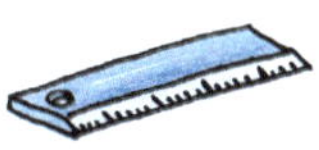 

1 Buchstaben erkennen (optische Diskriminierung)
2 Laute erkennen (akustische Diskriminierung)
3 Laute Silben zuordnen (akustische Diskriminierung)

L l 

4 Schreibe.

L L L L L | l l l l l

L L
l l
L l L l
Lama Lama
Alma Alma

5 Lies und verbinde.

La •  Ma •	Ma •  Am •	La •  Al •

4 Buchstaben nachspuren und schreiben
5 passende Silben mit Bild verbinden

6 Schwinge und schreibe.

7 Markiere die Könige (Vokale).

8 Wen magst du? Male und schreibe.

9 Erzählt und berichtet der Klasse.

6 Wörter schwingen und mit der Schreibtabelle schreiben
7 Silbenkerne markieren
8 malen und mit der Schreibtabelle schreiben
9 Ergebnisse des Partnergesprächs der Klasse präsentieren

E e

○ **1** Male E und e an.

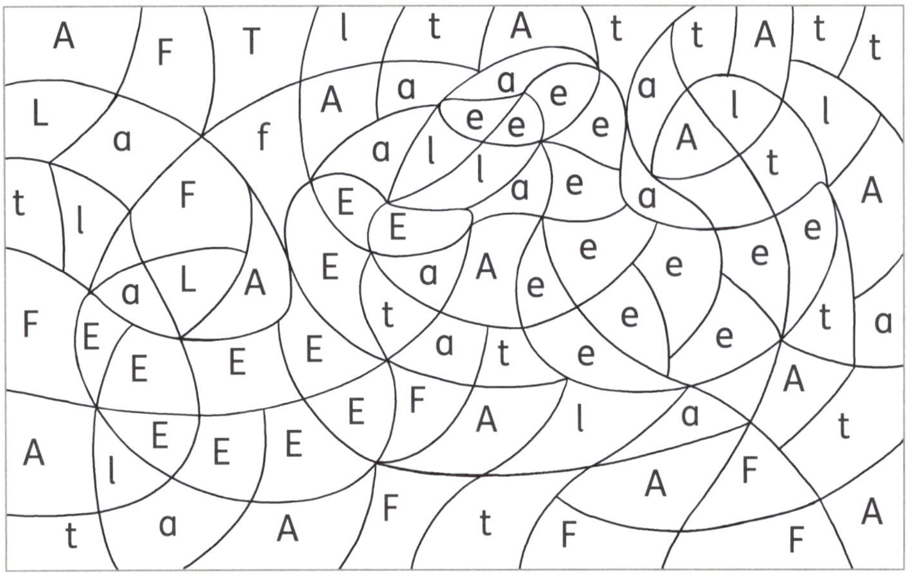

E e

○ **2** Hörst du E, e im Wort? Kreuze an.

 ☐

 ☐

 ☐

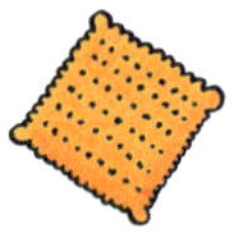 ☐

◒ **3** In welcher Silbe klingt E, e? Höre und kreuze an.

 ☐ ☐

 ☐ ☐

 ☐ ☐

 ★ ☐ ☐

 ★ ☐ ☐

 ★ ☐ ☐ ☐

1 Buchstaben erkennen (optische Diskriminierung)
2 Laute erkennen (akustische Diskriminierung)
3 Laute Silben zuordnen (akustische Diskriminierung)

4 Schreibe.

E E E E E | e e e e e

E E

e e

E e E e

alle alle

Emma Emma

5 Lies und verbinde.

La • •  Le •	Ma • •  Me •	El • •  Ma •

4 Buchstaben nachspuren und schreiben
5 passende Silben mit Bild verbinden

E e

6 Schwinge und schreibe.

★  ★  ★ 

7 Markiere die Könige (Vokale).

8 Was magst du? Male und schreibe.

6 Wörter schwingen und mit der Schreibtabelle schreiben
7 Silbenkerne markieren
8 malen und mit der Schreibtabelle schreiben

○ **1** Male O und o an.

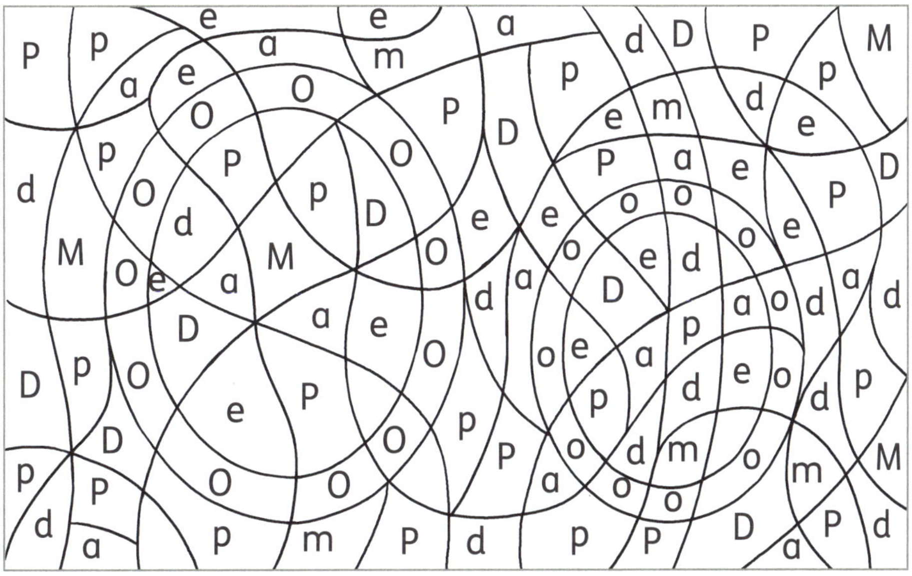

○ **2** Hörst du O, o im Wort? Kreuze an.

 ☐

 ☐

 ☐

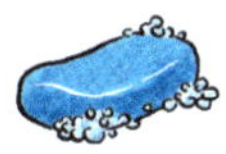 ☐

◒ **3** In welcher Silbe klingt O, o? Höre und kreuze an.

 ☐ ☐

 ☐ ☐ ☐

 ☐ ☐

 ★ ☐ ☐ ☐

 ★ ☐ ☐

 ★ ☐ ☐ ☐ ☐ ☐

1 Buchstaben erkennen (optische Diskriminierung)
2 Laute erkennen (akustische Diskriminierung)
3 Laute Silben zuordnen (akustische Diskriminierung)

O o

○ **4** Schreibe.

O O O O O | o o o o o

O O

o o

O o O o

Leo Leo

◒ **5** Was gehört zusammen? Verbinde und schreibe.

La – ma | O | le | O | ma | Lo | la

4 Buchstaben nachspuren und schreiben
5 Wörter aus Silben zusammensetzen

6 Schwinge und schreibe.

7 Markiere die Könige (Vokale).

8 Schreibe zum Bild.

6 Wörter schwingen und mit der Schreibtabelle schreiben
7 Silbenkerne markieren
8 mit der Schreibtabelle schreiben

R r

1 Male R und r an.

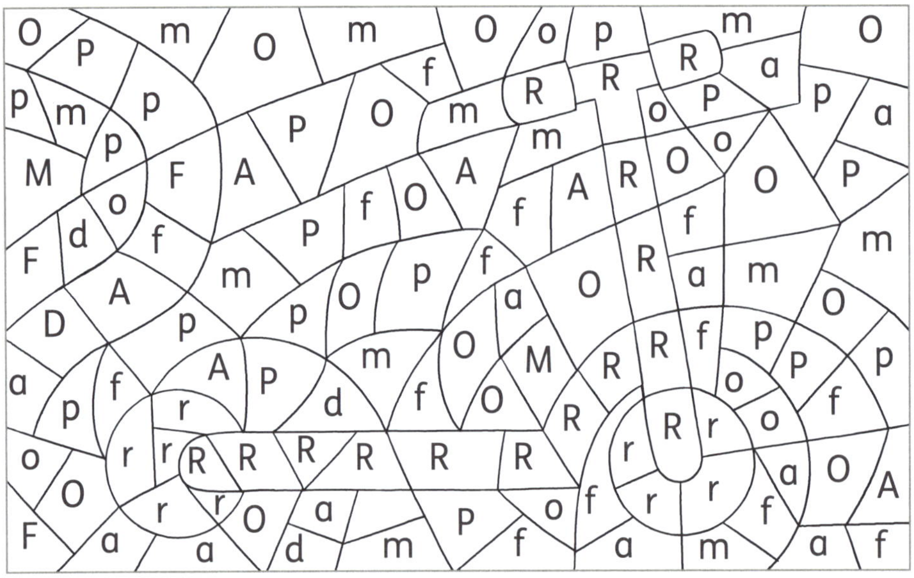

R r

2 Hörst du R, r im Wort? Kreuze an.

3 In welcher Silbe klingt R, r? Höre und kreuze an.

1 Buchstaben erkennen (optische Diskriminierung)
2 Laute erkennen (akustische Diskriminierung)
3 Laute Silben zuordnen (akustische Diskriminierung)

○ **4** Schreibe.

R R R R R | r r r r r

R ... R

r ... r

R r ... R r

rot ... rot

◒ **5** Was ist richtig? Kreuze an.

	☐ Maro mag Lea. ☐ Maro mag Oma.
	☐ Lale mag Maro. ☐ Lale mag Roller.

4 Buchstaben nachspuren und schreiben
5 Sätze mit Ganzwort „mag" lesen und richtig ankreuzen

R r 

6 Schwinge und schreibe.

7 Markiere die Könige (Vokale).

8 Was kann rollen? Schreibe.

6 Wörter schwingen und mit der Schreibtabelle schreiben
7 Silbenkerne markieren
8 mit der Schreibtabelle schreiben

I i

1 Male I und i an.

I i

2 Hörst du I, i im Wort? Kreuze an.

3 In welcher Silbe klingt I, i? Höre und kreuze an.

1 Buchstaben erkennen (optische Diskriminierung)
2 Laute erkennen (akustische Diskriminierung)
3 Laute Silben zuordnen (akustische Diskriminierung)

I i

○ **4** Schreibe.

I I I I I

i i i i i

I

i

Irmi Irmi

im im

◐ **5** Was ist richtig? Kreuze an.

	☐ im ☐ am		☐ im ☐ am
	☐ im ☐ am		☐ im ☐ am

4 Buchstaben nachspuren und schreiben
5 Wörter lesen und richtig ankreuzen

6 Schwinge und schreibe.

★ 
★ 

7 Markiere die Könige (Vokale).

8 Was filmt Piri? Male und schreibe.

6 Wörter schwingen und mit der Schreibtabelle schreiben
7 Silbenkerne markieren
8 malen und mit der Schreibtabelle schreiben

T t 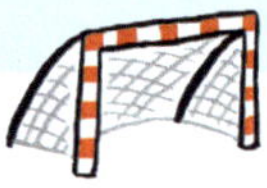

○ **1** Male T und t an.

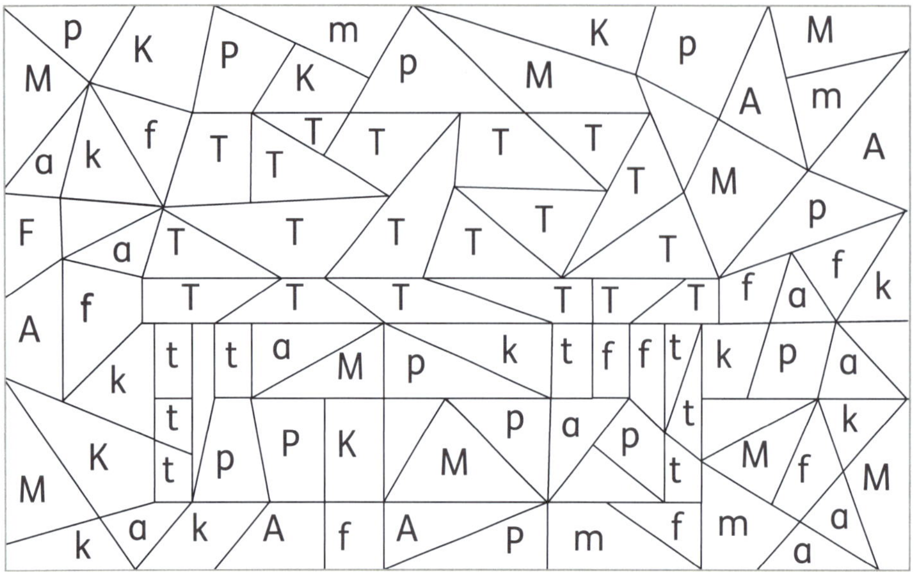

T t

○ **2** Hörst du T, t im Wort? Kreuze an.

 ☐  ☐  ☐  ☐

◒ **3** In welcher Silbe klingt T, t? Höre und kreuze an.

 ☐ ☐

 ☐ ☐ ☐

 ☐ ☐

 ★ ☐ ☐ ☐

 ★ ☐ ☐

 ★ ☐ ☐ ☐

1 Buchstaben erkennen (optische Diskriminierung)
2 Laute erkennen (akustische Diskriminierung)
3 Laute Silben zuordnen (akustische Diskriminierung)

4 Schreibe.

T T T T T

t t t t t

T T

t t

Tor Tor

mit mit

5 Was ist richtig? Kreuze an.

- ☐ Maro ist am Tor.
- ☐ Maro ist im Tor.
- ☐ Alma ist im Tor.
- ★ ☐ Alma ist mit Piri am Tor.

4 Buchstaben nachspuren und schreiben
5 Sätze lesen und richtig ankreuzen

T t

6 Schwinge und schreibe.

7 Markiere die Könige (Vokale).

8 Wer spielt mit? Male und schreibe.

6 Wörter schwingen und mit der Schreibtabelle schreiben
7 Silbenkerne markieren
8 malen und mit der Schreibtabelle schreiben

Uu

1 Kreise U und u ein.

Ufo bunt nun und murmeln Ufer

um Unsinn Nuss turnen Murmel

U u

2 Hörst du U, u im Wort? Kreuze an.

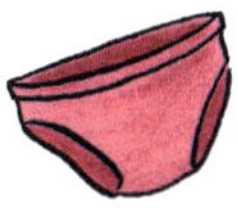 ☐

 ☐

 ☐

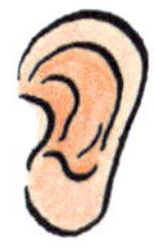 ☐

3 In welcher Silbe klingt U, u? Höre und kreuze an.

 ☐ ☐

 ☐ ☐

 ☐ ☐

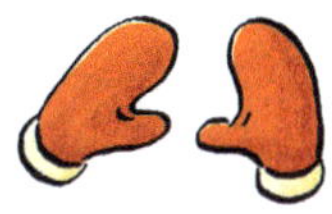 ☐ ☐ ☐

 ☐ ☐

 ☐ ☐ ☐

 ☐ ☐

 ★ ☐ ☐ ☐

 ★ ☐ ☐ ☐

 ★ ☐ ☐ ☐

1 Buchstaben erkennen (optische Diskriminierung)
2 Laute erkennen (akustische Diskriminierung)
3 Laute Silben zuordnen (akustische Diskriminierung)

U u

○ **4** Schreibe.

U U U U U | u u u u u

U U

u u

Uli Uli

um um

◒ **5** Was ist richtig? Kreuze an.

☐ um
☐ am
☐ im

☐ um
☐ am
☐ im

☐ um
☐ am
☐ im

☐ um
☐ am
☐ im

4 Buchstaben nachspuren und schreiben
5 Wörter lesen und richtig ankreuzen

6 Schwinge und schreibe.

7 Markiere die Könige (Vokale).

8 Schreibe zum Bild.

6 Wörter schwingen und mit der Schreibtabelle schreiben
7 Silbenkerne markieren
8 mit der Schreibtabelle schreiben

N n 

○ **1** Kreise N und n ein.

Nase	Dino	raten	Nummer	man
Ananas	Nuss	Rasen	Nacht	und

N n

○ **2** Hörst du N, n im Wort? Kreuze an.

◒ **3** In welcher Silbe klingt N, n? Höre und kreuze an.

  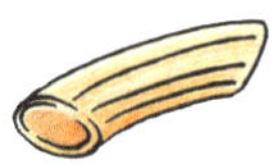 

★  ★  ★ 

1 Buchstaben erkennen (optische Diskriminierung)
2 Laute erkennen (akustische Diskriminierung)
3 Laute Silben zuordnen (akustische Diskriminierung)

N n

○ **4** Schreibe.

N N N N N | n n n n n

N N

n n

Name Name

nun nun

◒ **5** Wie heißt das Wort? Verbinde und schreibe.

Tan	te		
Man	ne		
No	ler		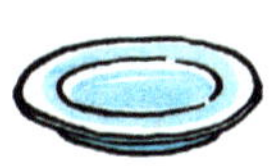
Tel	tel		

4 Buchstaben nachspuren und schreiben
5 Wörter aus Silben zusammensetzen und schreiben

N n

6 Schwinge und schreibe.

7 Markiere die Könige (Vokale).

8 Schreibe zum Bild.

6 Wörter schwingen und mit der Schreibtabelle schreiben
7 Silbenkerne markieren
8 mit der Schreibtabelle schreiben

S s

○ **1** Kreise S und s ein.

Sonne	Sessel	Seerose	rosa	Salami	
ist	Samstag	soll	Esel	essen	Rose

S s

○ **2** Hörst du S, s im Wort? Kreuze an.

 ☐  ☐  ☐  ☐

◒ **3** In welcher Silbe klingt S, s? Höre und kreuze an.

 ☐ ☐  ☐ ☐  ☐ ☐  ☐ ☐

 ☐ ☐  ☐ ☐ ☐  ☐ ☐ ☐

★  ☐ ☐ ★  ☐ ☐ ☐ ★  ☐ ☐ ☐ ☐

1 Buchstaben erkennen (optische Diskriminierung)
2 Laute erkennen (akustische Diskriminierung)
3 Laute Silben zuordnen (akustische Diskriminierung)

S s

○ 4 Schreibe.

S S S S S | s s s s s

S S

s s

See See

ist ist

◒ 5 Was ist richtig? Kreuze an.

	☐ Nase ☐ Name
	☐ Salat ☐ Salami
	☐ Taste ☐ Tasse
	☐ Sessel ☐ Messer

4 Buchstaben nachspuren und schreiben
5 Wörter lesen und richtig ankreuzen

6 Schwinge und schreibe.

7 Markiere die Könige (Vokale).

8 Schreibe zum Bild.

6 Wörter schwingen und mit der Schreibtabelle schreiben
7 Silbenkerne markieren
8 mit der Schreibtabelle schreiben

Ei ei

1 Kreise Ei und ei ein.

Eis Bein Ei reiten Seil ein drei

Seife Ameise Eimer klein Leiter

Ei ei

2 Hörst du Ei, ei im Wort? Kreuze an.

 ☐  ☐  ☐  ☐

3 In welcher Silbe klingt Ei, ei? Höre und kreuze an.

 ☐ ☐

 ☐ ☐

 ☐ ☐ ☐

 ☐ ☐ ☐

 ☐ ☐ ☐

 ☐ ☐ ☐

 ★ ☐ ☐ ☐ ☐

 ★ ☐ ☐ ☐ ☐

1 Buchstaben erkennen (optische Diskriminierung)
2 Laute erkennen (akustische Diskriminierung)
3 Laute Silben zuordnen (akustische Diskriminierung)

○ **4** Schreibe.

Ei Ei Ei Ei Ei

ei ei ei ei ei

Ei Ei

ei ei

Eis Eis

ein ein

◐ **5** Was ist richtig? Kreise ein.

◡	Leiter	Ei	Seite
◡◡	Reis	Ameise	Meise
◡◡◡	Eis	Osterei	Leine

4 Buchstaben nachspuren und schreiben
5 Wörter lesen und nach Silbenanzahl passend einkreisen

Ei ei

6 Schwinge und schreibe.

7 Markiere die Könige (Vokale).

8 Verbinde und schreibe.

Eimer	
Leiter	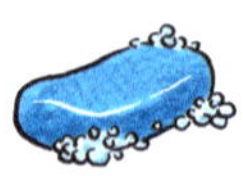
Seife	

6 Wörter schwingen und mit der Schreibtabelle schreiben
7 Silbenkerne markieren
8 Wörter mit passendem Bild verbinden und schreiben

H h

○ **1** Kreise H und h ein.

Hase	Hahn	hinter	Hund	Huhn	her
Nashorn	Uhu	Einhorn	Helm	Himmel	

H h

○ **2** Hörst du H, h im Wort? Kreuze an.

 ☐

 ☐

 ☐

 ☐

◒ **3** In welcher Silbe klingt H, h? Höre und kreuze an.

 ☐ ☐

 ☐ ☐ ☐

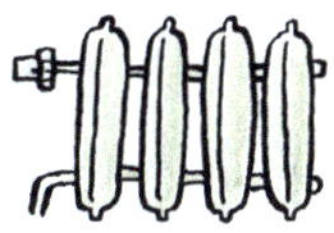 ☐ ☐

 ☐ ☐

 ☐ ☐ ☐ ☐

 ☐ ☐ ☐

 ☐ ☐ ☐ ☐

 ★ ☐ ☐ ☐

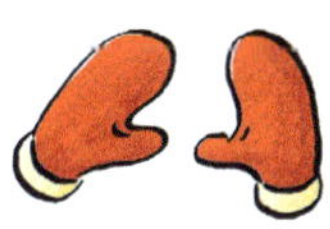 ★ ☐ ☐ ☐

 ★ ☐ ☐ ☐ ☐

1 Buchstaben erkennen (optische Diskriminierung)
2 Laute erkennen (akustische Diskriminierung)
3 Laute Silben zuordnen (akustische Diskriminierung)

H h 

○ **4** Schreibe.

H H H H H | h h h h h

H … H

h … h

Hort … Hort

ihm … ihm

◒ **5** Verbinde und schreibe.

 Na

 Ha

 Ho

 Do

se

4 Buchstaben nachspuren und schreiben
5 Wörter aus Silben zusammensetzen und schreiben

6 Schwinge und schreibe.

  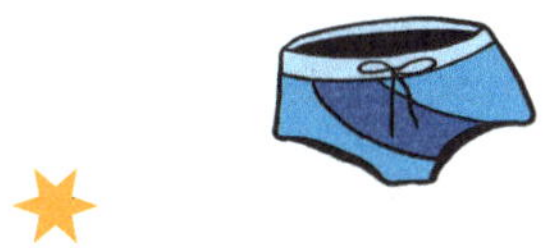

7 Markiere die Könige (Vokale).

8 Was ist richtig? Kreuze an.

	☐ Halm ☐ Hahn		☐ Hut ☐ Hummel
	☐ Hammer ☐ Hammel		☐ Einhorn ☐ Nashorn

6 Wörter schwingen und mit der Schreibtabelle schreiben
7 Silbenkerne markieren
8 Wörter lesen und richtig ankreuzen

B b

1 Kreise B und b ein.

Biber	aber	Bonbon	bis	Brombeere	
Abend	Barbara	Bild	bin	bald	Bein

B b

2 Hörst du B, b im Wort? Kreuze an.

 ☐

 ☐

 ☐

 ☐

3 In welcher Silbe klingt B, b? Höre und kreuze an.

 ☐ ☐

 ☐ ☐

 ☐ ☐ ☐

 ☐ ☐

 ☐ ☐ ☐

 ☐ ☐

 ☐ ☐ ☐

 ☐ ☐

 ★ ☐ ☐ ☐

 ★ ☐ ☐ ☐

 ★ ☐ ☐

 ★ ☐ ☐

1 Buchstaben erkennen (optische Diskriminierung)
2 Laute erkennen (akustische Diskriminierung)
3 Laute Silben zuordnen (akustische Diskriminierung)

B b

○ **4** Schreibe.

B B B B B b b b b b

B

b

Ball

bei

◒ **5** Was ist richtig? Kreise ein.

Silben			
◡	Besen	Bluse	Bein
◡◡	Butter	Herbst	Obst
◡◡◡	Birne	Brombeere	Ballerina

4 Buchstaben nachspuren und schreiben
5 Wörter lesen und nach Silbenanzahl passend einkreisen

B b

6 Schwinge und schreibe.

7 Markiere die Könige (Vokale).

8 Schreibe zum Bild.

6 Wörter schwingen und mit der Schreibtabelle schreiben
7 Silbenkerne markieren
8 mit der Schreibtabelle schreiben

○ **1** Kreise ch ein.

Tuch reichen Nacht machen kochen

ich Knochen lachen nicht suchen

ch

○ **2** Hörst du ch im Wort? Kreuze an.

 ☐
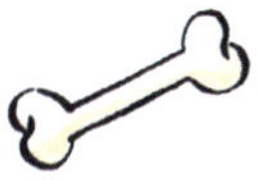 ☐
 ☐
 ☐

◒ **3** In welcher Silbe klingt ch? Höre und kreuze an.

☐ ☐

 ☐ ☐

 ☐ ☐

 ☐ ☐

 ☐ ☐

 ☐ ☐

 ☐ ☐

★  ☐ ☐ ☐

★  ☐ ☐ ☐

1 Buchstaben erkennen (optische Diskriminierung)
2 Laute erkennen (akustische Diskriminierung)
3 Laute Silben zuordnen (akustische Diskriminierung)

-ch 

4 Schreibe.

ch ch ch ch

ch ch ch ch

ch ch

ich ich

acht acht

nicht nicht

5 Lies und verbinde.

Leon lacht.

Otto rechnet.

Merle sucht.

4 Buchstaben nachspuren und schreiben
5 Sätze mit passendem Bild verbinden

6 Schwinge und schreibe.

7 Markiere die Könige (Vokale).

8 Lies und schreibe.

Tuch	Bach	Locher

Alma sucht ein ______. 

Tina ist im ______. 

Maro sucht einen ______. 

9 Lest euch eure Sätze vor und vergleicht.

6 Wörter schwingen und mit der Schreibtabelle schreiben
7 Silbenkerne markieren
8 sinnerfassend lesen und Wörter schreiben
9 Sätze in Partnerarbeit vergleichen

F f 

○ **1** Kreise F und f ein.

F H T E F T F I L F T E F T I T F L T F L L I F E

f t j t f t f l t j f j t f f l t j f t l t f f l j j f l l t t

F f

○ **2** Hörst du F, f im Wort? Kreuze an.

◒ **3** In welcher Silbe klingt F, f? Höre und kreuze an.

★  ★  ★ 

1 Buchstaben erkennen (optische Diskriminierung)
2 Laute erkennen (akustische Diskriminierung)
3 Laute Silben zuordnen (akustische Diskriminierung)

4 Schreibe.

F F F F F

f f f f f

F F

f f

Fest Fest

oft oft

5 Was ist richtig? Kreuze an.

☐ Uhr
☐ Ufo

☐ Elefant
☐ Elfe

☐ Teller
☐ Telefon

☐ Fahne
☐ Farbe

4 Buchstaben nachspuren und schreiben
5 Wörter lesen und richtig ankreuzen

F f 

6 Schwinge und schreibe.

  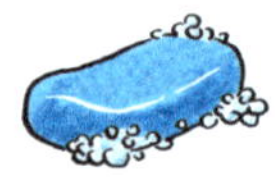

7 Markiere die Könige (Vokale).

8 Schreibe zum Bild.

6 Wörter schwingen und mit der Schreibtabelle schreiben
7 Silbenkerne markieren
8 mit der Schreibtabelle schreiben

ÜBEN
Wörter schreiben

○ **1** Schreibe und markiere die Könige (Vokale).

ich
fein
arbeiten
Buch
alle

● **2** Verbinde, schreibe und markiere die Könige (Vokale).

Fens	ne
Bir	ne
Son	bel
Ne	ter

Decke die Wörter ab oder klappe sie nach hinten.

◒ **3** Überprüft und vergleicht gemeinsam.

Male passend an.
Das muss ich noch üben: 😑
Das kann ich gut: 🙂

😑 🙂

S. 2/3

1 Lernwörter schreiben und Silbenkerne markieren
2 Wörter aus Silben zusammensetzen, schreiben und Silbenkerne markieren
3 Ergebnisse mit dem Partner vergleichen

ÜBEN
Wörter schreiben

Eis
rechnen
bunt
aber
nicht

○ **1** Schreibe und markiere die Könige (Vokale).

◒ **2** Wie heißt das Wort?
Verbinde und schreibe.

Fo •	• te	
En •	• fe	
So •	• to	
Af •	• se	
Ho •	• fa	

◒ **3** Überprüft und vergleicht gemeinsam.

S. 4/5

1 Lernwörter schreiben und Silbenkerne markieren
2 Wörter aus Silben zusammensetzen, schreiben und Silbenkerne markieren
3 Ergebnisse mit dem Partner vergleichen

Inhalt Teil A

Inhalt Teil B

K k 

1 Kreise K und k ein.

Koch Klaus kocht krumme Knödel.

Krumme Knödel kocht Koch Klaus.

K k

2 In welcher Silbe klingt K, k? Höre und kreuze an.

★  ★  ★ 

3 Was ist richtig? Kreise ein.

◡	Kaktus	Koch	Kabel
◡◡	Krach	Koffer	Kokosnuss
◡◡◡	Klammer	Rakete	Kiste

1 Buchstaben erkennen (optische Diskriminierung)
2 Laute Silben zuordnen (akustische Diskriminierung)
3 Wörter lesen und nach Silbenanzahl passend einkreisen

K k

4 Schreibe.

K K K K K | k k k k k

K k K k

Koch Koch

kein kein

kann kann

5 Lies und verbinde.

kann kochen.

kann klettern.

kann knabbern.

kann kellnern.

4 Buchstaben nachspuren und schreiben
5 Sätze mit passendem Bild verbinden

K k

6 Schwinge und schreibe.

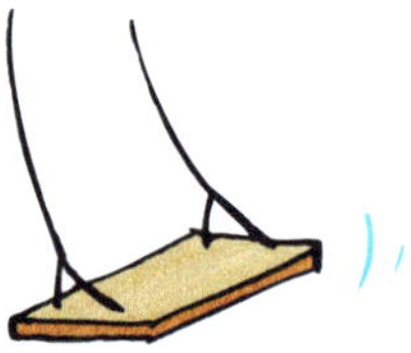

7 Markiere die Könige (Vokale).

8 Was kannst du? Kreuze an.

	☺	☹
Ich kann rechnen.	☐	☐
Ich kann malen.	☐	☐
Ich kann lesen.	☐	☐
Ich kann reiten.	☐	☐

9 Was könnt ihr noch? Tauscht euch aus.

6 Wörter schwingen und mit der Schreibtabelle schreiben
7 Silbenkerne markieren
8 mit der Schreibtabelle schreiben
9 sich an Gesprächen beteiligen

Sch sch

1 Kreise Sch und sch ein.

Sascha schleckt sein Schokoeis.

Natascha nascht oft Schokokekse.

Sch sch

2 In welcher Silbe klingt Sch, sch? Höre und kreuze an.

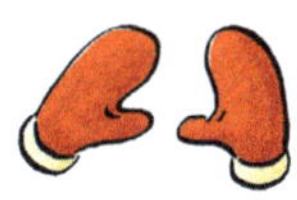

3 Was ist richtig? Kreise ein.

	Schaffner Schrank Tasche
	Frosch Schlitten Schaf
	Sonnenschirm Fisch Schnabel

1 Buchstaben erkennen (optische Diskriminierung)
2 Laute erkennen (akustische Diskriminierung)
3 Laute Silben zuordnen (akustische Diskriminierung)

Sch sch

4 Schreibe.

Sch Sch Sch Sch | sch sch sch sch

Sch sch Sch sch

Schaf Schaf

schon schon

Tisch Tisch

5 Was ist richtig? Kreuze an.

	☐ Schirin und Simon rutschen. ☐ Schirin und Simon rufen.
	☐ Natascha nascht Kuchen. ☐ Natascha nascht Kirschen.

4 Buchstaben nachspuren und schreiben
5 Sätze lesen und richtig ankreuzen

6 Schwinge und schreibe.

□ × ○

○ × ×

7 Markiere die Könige (Vokale).

8 Schreibe zum Bild.

6 Wörter schwingen und mit der Schreibtabelle schreiben
7 Silbenkerne markieren
8 mit der Schreibtabelle schreiben

D d

1 Kreise D und d ein.

D P R B O D C D B P D B P O D B P D B P D D O

a d p b d p d q o d q a b d b p o d p d p d a d

D d

2 In welcher Silbe klingt D, d? Höre und kreuze an.

3 Was ist richtig? Kreise ein.

◡	drei dunkel baden
◡◡	Bild Nudel Domino
◡◡◡	Badehose Kleid Kalender

1 Buchstaben erkennen (optische Diskriminierung)
2 Laute Silben zuordnen (akustische Diskriminierung)
3 Wörter lesen und nach Silbenanzahl passend einkreisen

D d

4 Schreibe.

D D D D D | d d d d d

D d D d

Dose Dose

der der

bald bald

5 Was ist richtig? Kreuze an.

	☐ Alle Kinder basteln. ☐ Alle Kinder baden.
	☐ Alle Kinder buddeln. ☐ Alle Kinder duschen.

4 Buchstaben nachspuren und schreiben
5 Sätze lesen und richtig ankreuzen

D d 

6 Schwinge und schreibe.

× ○ ○

□ ○ ×

7 Markiere die Könige (Vokale).

8 Lies und schreibe.

Dino	Drachen	Delfin

Dominik malt einen ______. 

Dina malt einen ______. 

Dorian malt einen ______. 

6 Wörter schwingen und mit der Schreibtabelle schreiben
7 Silbenkerne markieren
8 sinnerfassend lesen und Wörter schreiben

1 Kreise au und äu ein.

Drei faule Raupen, fünf schlaue Mäuse und neun alte Räuber schmausen Pflaumen unter Bäumen.

au äu

2 In welcher Silbe klingt Au, au? Höre und kreuze an.

3 Was ist richtig? Kreise ein.

	Baumhaus Urlaub Frau
	auftauchen laufen blau
	Traum Bauernhof Schaufel

1 Buchstaben erkennen (optische Diskriminierung)
2 Laute Silben zuordnen (akustische Diskriminierung)
3 Wörter lesen und nach Silbenanzahl passend einkreisen

Au au

4 Schreibe.

Au Au

Au Au

au au

au au

Au au Au au

Äu äu Äu äu

Auto Auto

auf auf

5 Lies und male.

Da ist eine braune Schaukel.
Eine Maus läuft auf dem Ast.
Unter der Schaukel
ist eine blaue Schaufel.

4 Buchstaben nachspuren und schreiben
5 Sätze lesen und dazu malen

6 Schwinge und schreibe.

□ × ○

○ ○ ○

7 Markiere die Könige (Vokale).

8 Wie heißt das Wort? Verbinde und schreibe.

Bäu	se		
Mäu	me		
Bäu	ber		
Räu	che		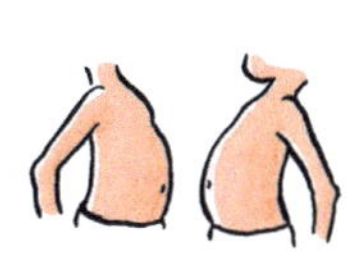

6 Wörter schwingen und mit der Schreibtabelle schreiben
7 Silbenkerne markieren
8 Wörter aus Silben zusammensetzen und schreiben

W w 

1 Kreise W und w ein.

Wolf Waldemar wandert durch den dunklen Wald. Bei Wind und Wetter wird ihm nicht kalt.

W w

2 In welcher Silbe klingt W, w? Höre und kreuze an.

 ☐ ☐

 ☐ ☐

 ☐ ☐

 ☐ ☐

★  ☐ ☐ ☐ ☐

★  ☐ ☐ ☐ ☐

3 Was ist richtig? Kreise ein.

	Wetter Schwamm Maulwurf
	Torwart Wald Wasserfall
	Woche Winter Weintraube

1 Buchstaben erkennen (optische Diskriminierung)
2 Laute Silben zuordnen (akustische Diskriminierung)
3 Wörter lesen und nach Silbenanzahl passend einkreisen

○ **4** Schreibe.

W w W w

w W w w

W w W w

Wal Wal

wer wer

weil weil

◒ **5** Lies und schreibe.

Waffel	Wurm	Wurst

Der Hund will eine ______.

Eine Amsel will einen ______.

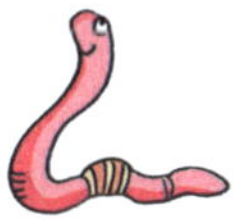

Wanda will eine ______.

4 Buchstaben nachspuren und schreiben
5 sinnerfassend lesen und Wörter schreiben

W w 

6 Schwinge und schreibe.

× × ○

□ ○ ×

7 Markiere die Könige (Vokale).

8 Schreibe zum Bild.

6 Wörter schwingen und mit der Schreibtabelle schreiben
7 Silbenkerne markieren
8 mit der Schreibtabelle schreiben

Ü ü

1 Kreise Ü und ü ein.

Über grüne Hügel und Büsche hüpfen lustig fünf hübsche Mäuse.

Ü ü

2 In welcher Silbe klingt Ü, ü? Höre und kreuze an.

3 Was ist richtig? Kreise ein.

	überall fünf füttern
	Überfall Bücherei Blüte
	Küken Mülleimer Kürbis

1 Buchstaben erkennen (optische Diskriminierung)
2 Laute Silben zuordnen (akustische Diskriminierung)
3 Wörter lesen und nach Silbenanzahl passend einkreisen

Ü ü 

○ **4** Schreibe.

Ü Ü Ü Ü Ü | ü ü ü ü ü

Ü ü Ü ü

Tür Tür

für für

fünf fünf

◒ **5** Was ist richtig? Kreuze an.

	☐ Fünf Kinder sind müde. ☐ Fünf Kinder lachen über sich.
	☐ Tülin füttert ein Küken. ☐ Tülin füttert eine Tüte.

4 Buchstaben nachspuren und schreiben
5 Sätze lesen und richtig ankreuzen

6 Schwinge und schreibe.

7 Markiere die Könige (Vokale).

8 Was wünschst du dir? Male und schreibe.

9 Tauscht euch aus und berichtet der Klasse.

6 Wörter schwingen und mit der Schreibtabelle schreiben
7 Silbenkerne markieren
8 malen und mit der Schreibtabelle schreiben
9 Ergebnisse des Partnergesprächs der Klasse präsentieren

□ Auto
üben
× Schere
weiter
für

Decke die Wörter ab oder klappe sie nach hinten.

Male passend an.
Das muss ich noch üben: 😐
Das kann ich gut: 😊

😐 😊

S. 6/7

ÜBEN
Wörter schreiben

○ **1** Schreibe und markiere die Könige (Vokale).

◒ **2** Wie heißt das Wort? Verbinde und schreibe.

rech • • den

re • • ben

lau • • nen

schrei • • fen

◒ **3** Überprüft und vergleicht gemeinsam.

1 Lernwörter schreiben und Silbenkerne markieren
2 Wörter aus Silben zusammensetzen und schreiben
3 Ergebnisse mit dem Partner vergleichen

ÜBEN
Wörter schreiben

○ **1** Schreibe und markiere die Könige (Vokale).

○ Winter
laut
□ Kind
weil
blau

◒ **2** Was reimt sich? Verbinde.

Maus	Mutter	Mund

◒ **3** Schreibe die Reimwörter auf.
Kreise die Anfangsbuchstaben ein.

◒ **4** Was fällt euch auf? Tauscht euch aus.

S. 8/9

1 Lernwörter schreiben und Silbenkerne markieren
2 Reimwörter verbinden
3 Reimwörter schreiben und Anfangsbuchstaben einkreisen
4 Ergebnisse mit dem Partner vergleichen

P p

○ **1** Kreise P und p ein.

Papagei Paul plappert pausenlos.
Pirat Pepe paddelt schnell zum Floß.

P p

◒ **2** In welcher Silbe klingt P, p? Höre und kreuze an.

 ☐ ☐ ☐

 ☐ ☐

 ☐ ☐

 ☐ ☐

 ★ ☐ ☐ ☐

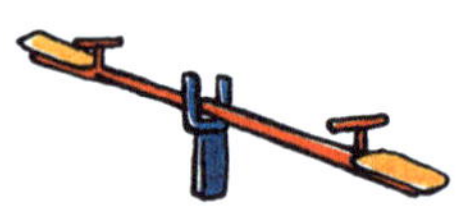 ★ ☐ ☐

 ★ ☐ ☐

 ★ ☐ ☐ ☐

◒ **3** Was ist richtig? Kreise ein.

◡	Parfüm Punkt Planet
◡◡	Leopard Lippe September
◡◡◡	Waschlappen Teppich Pilot

1 Buchstaben erkennen (optische Diskriminierung)
2 Laute Silben zuordnen (akustische Diskriminierung)
3 Wörter lesen und nach Silbenanzahl passend einkreisen

P p

4 Schreibe.

P P P
P P

p p p
p p

P p P p

Papa Papa

Opa Opa

Raupe Raupe

5 Was ist richtig? Kreuze an.

	☐ Piri hat eine Hupe. ☐ Piri hat eine Lupe.
	☐ Piri mag Trauben. ☐ Piri mag Raupen.

4 Buchstaben nachspuren und schreiben
5 Sätze lesen und richtig ankreuzen

P p

6 Schwinge und schreibe.

× × □

○ ○ ×

7 Markiere die Könige (Vokale).

8 Schreibe zum Bild.

6 Wörter schwingen und mit der Schreibtabelle schreiben
7 Silbenkerne markieren
8 mit der Schreibtabelle schreiben

○ 1 Kreise ie ein.

Sieben Bienen fliegen zu den Riesen
auf den Wiesen.

ie

○ 2 Male Silbenbögen und schreibe.

Biene	sieben	Wiese	nie
Riese	Wiesel	sie	Liebe

◒ 3 Wie heißt das Wort? Verbinde und schreibe.

nie	ben		
frie	sen		
lie	ren		

● 4 Steht ie am Anfang oder am Ende einer Silbe?
Untersucht gemeinsam.

1 Buchstaben erkennen (optische Diskriminierung)
2 Silbenbögen malen und Wörter schreiben
3 Wörter aus Silben zusammensetzen und schreiben
4 Wörter mit dem Partner untersuchen

G g

○ **1** Kreise G und g ein.

Gregor grillt gerne knackiges Gemüse.
Gerda mag grünes Gras im Garten.

G g

2 In welcher Silbe klingt G, g? Höre und kreuze an.

3 Was ist richtig? Kreise ein.

	Geschenk	Nagel	Geist
	Gurke	Weg	Geburtstag
	Regenschirm	Igel	Geige

1 Buchstaben erkennen (optische Diskriminierung)
2 Laute Silben zuordnen (akustische Diskriminierung)
3 Wörter lesen und nach Silbenanzahl passend einkreisen

G g

○ **4** Schreibe.

G G G G G | g g g g g

G g

Gras

gut

Tag

◒ **5** Was ist richtig? Kreuze an.

	☐ Gregor mag gerne Paprika. ☐ Gregor mag gerne Pommes.
	☐ Gesa hat ein grünes Rad. ☐ Gesa hat ein grünes Kleid.

4 Buchstaben nachspuren und schreiben
5 Sätze lesen und richtig ankreuzen

G g 

6 Schwinge und schreibe.

☒ die Gabel ☐ das ☐

☐ ☒ ☒

7 Markiere die Könige (Vokale).

8 Schreibe zum Bild.

9 Tauscht euch aus und berichtet der Klasse.

6 Wörter schwingen und mit der Schreibtabelle schreiben
7 Silbenkerne markieren
8 malen und mit der Schreibtabelle schreiben
9 Ergebnisse des Partnergesprächs der Klasse präsentieren

Ö ö

○ **1** Kreise Ö und ö ein.

Ömer möchte König werden und noch öfter Semmelknödel essen.

Ö ö

◒ **2** In welcher Silbe klingt Ö, ö? Höre und kreuze an.

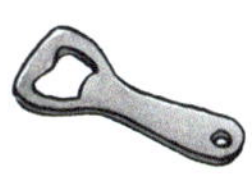
☐ ☐

☐ ☐

☐ ☐

☐ ☐

☐ ☐ ☐

☐ ☐ ☐

☐ ☐ ☐

◒ **3** Was ist richtig? Kreise ein.

◡	König Föhn Öffner
◡◡	Öl Kröte Königin
◡◡◡	Möbel Wörter Eichhörnchen

1 Buchstaben erkennen (optische Diskriminierung)
2 Laute Silben zuordnen (akustische Diskriminierung)
3 Wörter lesen und nach Silbenanzahl passend einkreisen

Ö ö

4 Schreibe.

Ö Ö Ö Ö Ö | ö ö ö ö ö

Ö ö Ö ö

Öl Öl

schön schön

5 Schwinge und schreibe.

□ das ✕ ○

✕ ✕ ○

6 Markiere die Könige (Vokale).

4 Buchstaben schreiben
5 Wörter schwingen und mit der Schreibtabelle schreiben
6 Silbenkerne markieren

Eu eu

1 Kreise Eu und eu ein.

Neun scheue Eulen heulen heute
in der neuen Scheune.

Eu eu

2 In welcher Silbe klingt Eu, eu? Höre und kreuze an.

3 Was ist richtig? Kreise ein.

	Freund Freundin Freude
	neu teuer treu
	Europa Leuchtturm Euro

1 Buchstaben erkennen (optische Diskriminierung)
2 Laute Silben zuordnen (akustische Diskriminierung)
3 Wörter lesen und nach Silbenanzahl passend einkreisen

Eu eu

4 Schreibe.

Eu Eu Eu Eu | eu eu eu eu

Eu eu Eu eu

Eule Eule

euch euch

5 Schwinge und schreibe.

6 Markiere die Könige (Vokale).

4 Buchstaben nachspuren und schreiben
5 Wörter schwingen und mit der Schreibtabelle schreiben
6 Silbenkerne markieren

1 Kreise ß ein.

Dreißig Außerirdische stoßen
auf einen weißen Heißluftballon.

ß

2 Schreibe.

ß ß ß ß ß

ß ß

Fuß Fuß

3 Wie heißt das Wort? Verbinde und schreibe.

bei

gie

grü

flie

ßen

4 Steht ß am Anfang oder am Ende einer Silbe?
Untersucht gemeinsam.

1 Buchstaben erkennen (optische Diskriminierung)
2 Buchstaben nachspuren und schreiben
3 Wörter aus Silben zusammensetzen und schreiben
4 Wörter mit dem Partner untersuchen

die Leute
können
der Freund
hören
das Gras

ÜBEN
Wörter schreiben

○ **1** Schreibe und markiere die Könige (Vokale).

◒ **2** Schreibe die Wörter auf.
Kreise ie und ß ein.

lieben groß sieben der Fuß

◒ **3** Schreibe und kreise ie ein.

Riese	Schiene	Knie

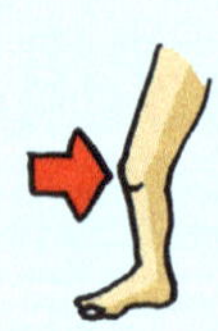

◒ **4** Überprüft und vergleicht gemeinsam.

S. 10/11

1 Lernwörter schreiben und Silbenkerne markieren
2 Wörter schreiben und schwierige Stellen einkreisen
3 Wörter schreiben und ie einkreisen
4 Ergebnisse mit dem Partner vergleichen

ÜBEN
Wörter schreiben

○ **1** Schreibe und markiere die Könige (Vokale).

der Löwe
schön
der Partner
süß
der Garten

◒ **2** Wie heißt das Wort?
Verbinde und schreibe.

Eu	se	
Rie	pe	
Bie	ro	
Rau	ne	

◒ **3** Überprüft und vergleicht gemeinsam.

S. 12/13

1 Lernwörter schreiben und Silbenkerne markieren
2 Wörter aus Silben zusammensetzen und schreiben
3 Ergebnisse mit dem Partner vergleichen

J j 

1 Kreise J und j ein.

Jäger Kolja jagt im Juni einen Jaguar.

Maja wird im Januar sieben Jahre alt.

J j

2 In welcher Silbe klingt J, j? Höre und kreuze an.

3 Was ist richtig? Kreise ein.

	jagen jubeln ja
	Januar Juni Jahreskreis
	Kajak Joghurt Jupiter

1 Buchstaben erkennen (optische Diskriminierung)
2 Laute Silben zuordnen (akustische Diskriminierung)
3 Wörter lesen und nach Silbenanzahl passend einkreisen

○ 4 Schreibe.

J J J J J | j j j j j

J j ... J j

Juni ... Juni

ja ... ja

jede ... jede

◒ 5 Was ist richtig? Kreuze an.

☐ Janas Jo-Jo ist fort.
Jana jubelt: „Wo ist mein Jo-Jo?“
Jussuf findet das Jo-Jo.

☐ Jans Jo-Jo ist fort.
Jan jammert: „Wo ist mein Jo-Jo?“
Maja jubelt: „Da ist ja dein Jo-Jo!“

4 Buchstaben nachspuren und schreiben
5 Sätze lesen und richtig ankreuzen

6 Schwinge und schreibe.

× □ ○

7 Markiere die Könige (Vokale).

8 Schreibe zum Bild.

6 Wörter schwingen und mit der Schreibtabelle schreiben
7 Silbenkerne markieren
8 mit der Schreibtabelle schreiben

ng

○ 1 Kreise ng ein.

Hungrige Jungen fangen mit der Angel
einen langen Fisch.

◒ 2 Welche Wörter reimen sich? Verbinde.

Schlange	Junge	Ringer	singen

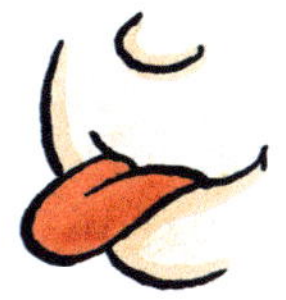   

◒ 3 Welcher Satz passt zum Bild? Schreibe.

Piri rangelt am langen Tisch.
Piri angelt einen langen Fisch.

1 Buchstaben erkennen (optische Diskriminierung)
2 Reimwörter verbinden
3 Sätze lesen und richtig schreiben

Sp sp

1 Kreise Sp und Sp ein.

Sportliche Kinder springen und sprinten,
später spielen sie spannende Spiele.

Sp sp

2 Male Silbenbögen und schreibe.

Spaß | sparen | Spinat

spielen | Spagat

3 Wie heißt das Wort? Verbinde und schreibe.

Spin	ler	
Sport	ne	
Spa	gel	
Spie	ten	

1 Buchstaben erkennen (optische Diskriminierung)
2 Silbenbögen malen und Wörter schreiben
3 Wörter aus Silben zusammensetzen und schreiben

St st

1 Kreise St und st ein.

Stina fährt im Rollstuhl zur Straßenecke,
Stanko steht schon am Zebrastreifen.

St st

2 Male Silbenbögen und schreibe.

Stein stellen Stern

stehen Stunde

3 Wie heißt das Wort? Verbinde und schreibe.

Stu	pel	
Stem	fel	
Stra	fe	
Stie	ße	

1 Buchstaben erkennen (optische Diskriminierung)
2 Silbenbögen malen und Wörter schreiben
3 Wörter aus Silben zusammensetzen und schreiben

Z z

○ **1** Kreise Z und z ein.

Zauberer Zorro verzaubert zehn
tanzende Zebras im Zirkuszelt.

Z z

◒ **2** In welcher Silbe klingt Z, z? Höre und kreuze an.

★ 

★ 

◒ **3** Lies und male.

Abrakadabra,
eins, zwei, drei.
Der Zauberer zaubert
zwei Zwerge herbei.

● **4** Kennt ihr Zaubersprüche oder Zaubertricks? Tauscht euch aus.

1 Buchstaben erkennen (optische Diskriminierung)
2 Laute Silben zuordnen (akustische Diskriminierung)
3 Sätze lesen und dazu malen
4 sich an Gesprächen beteiligen

○ **5** Schreibe.

Z Z Z Z Z | z z z z z

Z z Z z

Zug Zug

zwei zwei

◒ **6** Schwinge und schreibe.

○

○

□

○

×

○

◒ **7** Markiere die Könige (Vokale).

5 Buchstaben nachspuren und schreiben
6 Wörter schwingen und mit der Schreibtabelle schreiben
7 Silbenkerne markieren

Pf pf

○ 1 Kreise Pf und pf ein.

Ein Pferd und ein Pfau klopfen tapfer
auf rot getupfte Töpfe und Pfannen.

Pf pf

○ 2 Male Silbenbögen und schreibe.

Kopf schimpfen Pflanze

pflegen Pfeife

◒ 3 Wie heißt das Wort? Verbinde und schreibe.

Trop	ter	
Pflas	fen	
Pfan	fe	
Ap	ne	
Pfei	fel	

1 Buchstaben erkennen (optische Diskriminierung)
2 Silbenbögen malen und Wörter schreiben
3 Wörter aus Silben zusammensetzen und schreiben

-ck

○ **1** Kreise ck ein.

In der Ecke auf einer Decke schleckt
ein Dackel an einem Stück Zucker.

ck

○ **2** Male Silbenbögen und schreibe.

dick	Hecke	Dreck	Brücke
Ecke	Mücke	Fleck	backen

◒ **3** Wie heißt das Wort? Verbinde und schreibe.

We	ckel	
Schne	cker	
Da	cke	

1 Buchstaben erkennen (optische Diskriminierung)
2 Silbenbögen malen und Wörter schreiben
3 Wörter aus Silben zusammensetzen und schreiben

Y y 

1 Kreise Y und y ein.

Aya liebt ihren weichen Teddy,
Yoko reitet auf dem Pony Freddy.

Y   y

2 Wie klingt Y, y? Höre genau und verbinde.

 Baby	 Labyrinth	 Handy	 Olympia

Wie ü in Pyramide 	Wie j in Yak 	Wie i in Teddy 

 Xylofon	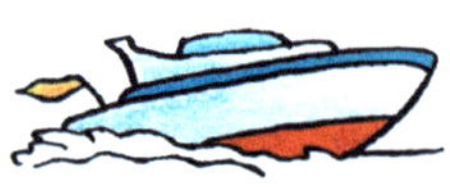 Yacht	 Yoga	 Pony

3 Lies und verbinde.

Es ist ein kleines Kind.	Teddy
Es frisst auf der Weide Gras.	Baby
Damit kannst du kuscheln.	Pony

1 Buchstaben erkennen (optische Diskriminierung)
2 unterschiedliche y-Laute zuordnen (akustische Diskriminierung)
3 Sätze lesen und passend verbinden

○ **4** Schreibe.

Y Y Y Y Y

y y y y y

Y y Y y

Yak Yak

Pony Pony

◒ **5** Welcher Satz passt zum Bild? Schreibe.

Im Wagen ist kein Baby.
Es hat ein Handy im Arm.

Im Wagen ist ein Baby.
Es hat einen Teddy im Arm.

4 Buchstaben nachspuren und schreiben
5 Sätze lesen und richtig schreiben

die Pflanze
bringen
die Stunde
dick
das Baby

ÜBEN
Wörter schreiben

○ **1** Schreibe und markiere die Könige (Vokale).

◒ **2** Was reimt sich?
Verbinde und schreibe die Reimwörter auf.

Zunge	lang
Stift	Junge
Klang	Stock
Rock	Gift

◒ **3** Überprüft und vergleicht gemeinsam.

S. 14/15

1 Lernwörter schreiben und Silbenkerne markieren
2 Reimwörter verbinden und aufschreiben
3 Ergebnisse mit dem Partner vergleichen

ÜBEN
Wörter schreiben

○ **1** Schreibe und markiere die Könige (Vokale).

der Kopf
ja
der Sport
singen
der Stein

◒ **2** Wie heißt das Wort?
Verbinde und schreibe.

spie	
stel	len
zie	

ha	
schie	ben
lie	

◒ **3** Überprüft und vergleicht gemeinsam.

S. 16/17

1 Lernwörter schreiben und Silbenkerne markieren
2 Wörter aus Silben zusammensetzen und schreiben
3 Ergebnisse mit dem Partner vergleichen

Ä ä

1 Schreibe und kreise ä ein.

blättern | gähnen | kämmen | ärgern | lächeln | drängeln

2 Schreibe. Kreise A, a und Ä, ä ein.

 der Apfel —  die Äpfel

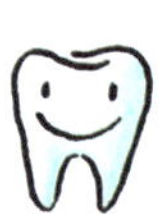 der Zahn —  die

 die Hand —  die

 der Ball —  die

1 Wörter schreiben und ä einkreisen
2 die Mehrzahl bilden und A/a und Ä/ä einkreisen (Ableitung a – ä anbahnen)

X x

1 Kreise X und x ein.

Drei fiese Hexen reisen auf dem Taxibesen
zum Boxkampf von Max und Xaver.

X x

2 Schreibe.

X x X x | x x x x

X x X x

Hexe Hexe

fix fix

3 Was ist richtig? Kreuze an.

	ja	nein
Die Hexe fliegt auf dem Pferd.	☐	☐
Das Taxi hat ein gelbes Schild.	☐	☐
Mit dem Mixer kannst du filmen.	☐	☐
Die Nixe schwimmt im Meer.	☐	☐

4 Überprüft und vergleicht gemeinsam.

1 Buchstaben erkennen (optische Diskriminierung)
2 Buchstaben nachspuren und schreiben
3 Sätze lesen und richtig ankreuzen
4 Ergebnisse mit dem Partner vergleichen

Qu qu

○ **1** Kreise Qu und qu ein.

Im Aquarium quaken keine großen Quallen
und keine grünen Kaulquappen.

Qu qu

○ **2** Schreibe.

Qu Qu Qu | qu qu qu qu

Qu qu Qu qu

Quark Quark

quer quer

◒ **3** Was ist richtig? Kreuze an.

Der Fisch schwimmt im

☐ Quark. ☐ Aquarium. ☐ Quatsch.

Die Kinder spielen

☐ Quadrat. ☐ Quirl. ☐ Quartett.

1 Buchstaben erkennen (optische Diskriminierung)
2 Buchstaben nachspuren und schreiben
3 Sätze lesen und richtig ankreuzen

V v

○ **1** Kreise V und v ein.

Vier violette Vögel sind hinter der Vase auf dem Klavier und verstecken sich vor dem Vampir.

V v

◒ **2** Wie klingt V, v? Höre genau und verbinde.

Vase	Wie f in Vogel	vier
Vater		Ventilator
Vulkan	Wie w in Vampir	Klavier

◒ **3** Was ist richtig? Kreuze an.

Viktor spielt auf dem

☐ Vulkan. ☐ Klavier. ☐ Vampir.

Die Blumen stehen in

☐ der Wiese. ☐ dem Klavier. ☐ der Vase.

Viel Wind macht ein

☐ Ventilator. ☐ Vulkan. ☐ Pullover.

1 Buchstaben erkennen (optische Diskriminierung)
2 unterschiedliche v-Laute zuordnen (akustische Diskriminierung)
3 Sätze lesen und richtig ankreuzen

V v

4 Schreibe.

V V V V V | v v v v v

V v V v

Vase Vase

vier vier

5 Lies und male.

Aus dem Vulkan
kommt Rauch.
Die Vögel fliegen
davon.

In der Vase
sind vier Blumen.
Eine Blume
ist schon verwelkt.

4 Buchstaben nachspuren und schreiben
5 Sätze lesen und dazu malen

C c

1 Kreise C und c ein.

Rebecca und Marco sind auf dem Campingplatz. Carla liest einen coolen Comic mit Cowboy Rico.

C c

2 Bei einem Wort klingt C anders. Kreise ein.

3 Was ist richtig? Kreuze an.

Alle lachen über den

☐ Korb. ☐ Clown. ☐ Kaktus.

Das Lasso gehört dem

☐ Cowboy. ☐ Clown. ☐ Computer.

Lotta schreibt mit dem

☐ Karton. ☐ Comic. ☐ Computer.

Im Kino essen wir gerne

☐ Computer. ☐ Popcorn. ☐ Plakate.

1 Buchstaben erkennen (optische Diskriminierung)
2 unterschiedliche c-Laute erkennen (akustische Diskriminierung)
3 Sätze lesen und richtig ankreuzen

C c

○ **4** Schreibe.

C C C C | c c c c

C c C c

Clown Clown

Cent Cent

❀ **5** Was kannst du am Computer machen? Schreibe.

◒ **6** Tauscht euch aus und berichtet der Klasse.

4 Buchstaben schreiben
5 mit der Schreibtabelle schreiben
6 Ergebnisse des Partnergesprächs der Klasse präsentieren

○ **1** Kreise tz ein.

Zehn winzige Spatzen schwatzen plötzlich
auf dem Spielplatz und erzählen Witze.

tz

○ **2** Male Silbenbögen und schreibe.

Satz	sitzen	Katze
putzen	Mütze	Witz

◒ **3** Wie heißt das Wort? Verbinde und schreibe.

schwit

sit — zen

put

1 Buchstaben erkennen (optische Diskriminierung)
2 Silbenbögen malen und Wörter schreiben
3 Wörter aus Silben zusammensetzen und schreiben

ÜBEN
Wörter schreiben

der Computer
vor
das Mädchen
der Quatsch
sitzen

○ **1** Schreibe und markiere die Könige (Vokale).

2 Schreibe den richtigen Anfangsbuchstaben auf.

C	S	V	M

das ▢ädchen der ▢ogel

der ▢atz der ▢omputer

3 Schreibe und kreise ä ein.

Käfer	Bär	Säge

4 Überprüft und vergleicht gemeinsam.

S. 18/19

1 Lernwörter schreiben und Silbenkerne markieren
2 Nomen mit großen Anfangsbuchstaben schreiben
3 Wörter schreiben und ä einkreisen
4 Ergebnisse mit dem Partner vergleichen

ÜBEN
Wörter schreiben

○ **1** Schreibe und markiere die Könige (Vokale).

die Quelle
der Cent
viel
der Vater
der Satz

◒ **2** Welche Märchenfiguren findest du?
Verbinde und schreibe.

Rit · · che

He · · ter

Dra · · se

Rie · · xe

◒ **3** Überprüft und vergleicht gemeinsam.

S. 20/21

1 Lernwörter schreiben und Silbenkerne markieren
2 Wörter aus Silben zusammensetzen und schreiben
3 Ergebnisse mit dem Partner vergleichen

Das kann ich

Male passend an.
Das muss ich noch üben: 😑
Das kann ich gut: 🙂

1 Welche Wörter findest du?
Verbinde und schreibe.

Schlüs	se	
Tas	ne	
Ton	sel	
Schüs	ne	
Kas	sel	
Son	se	

2 Schreibe die Reimwörter von Aufgabe 1 auf.

Schlüssel – Schüssel

3 Markiere die Könige (Vokale).

1 Wörter aus Silben zusammensetzen und schreiben
2 Reimwörter schreiben
3 Silbenkerne markieren

Das kann ich

○ **1** Lies und verbinde.

die Ente

der Löwe

der Hase

das Schaf

die Ameise

die Eule

der Esel

der Vogel

◒ **2** Was ist richtig? Kreise ein.

	Insekt	Zoo	Affe
	Giraffe	Laus	Käfig
	Papagei	Zebra	Futter

1 Wörter mit passendem Bild verbinden
2 Wörter lesen und nach Silbenanzahl passend einkreisen

Das kann ich

1 Lies und verbinde.

Die Kuh	bellt	auf der Weide.
Die Amsel	quakt	im Teich.
Der Hund	steht	auf dem Dach.
Die Ente	singt	im Hof.

2 Schreibe Sätze von Aufgabe 1 auf.

1 Sätze bilden
2 Sätze schreiben

Das kann ich

1 Lies und verbinde.

Piri freut sich. Er geht heute zum Jahrmarkt.

Zuerst fährt er mit dem Karussell. Das macht Spaß.

In der Geisterbahn ist es dunkel. Piri hat Angst.

Nach der Aufregung kauft Piri Zuckerwatte.

Piri geht zu dem Stand mit den Dosen.

Hurra! Piri wirft alle Dosen auf einmal um. Er gewinnt ein Stofftier.

1 sinnerfassend lesen und Sätze mit passendem Bild verbinden

Das kann ich

○ 1 Lies Piris Brief.

Hallo!

Ich freue mich schon sehr auf die Sommerferien. Morgen fahre ich los. Ich habe ein Buch, den Schnorchel und einen Schwimmreifen eingepackt. Was machst du in den Ferien? Willst du auch ein Buch lesen? Du kannst jetzt bestimmt schon gut lesen.

Dein Piri

✿ 2 Schreibe Piri.

1 Brief lesen
2 mit der Schreibtabelle schreiben